AF563479

LA

GUERRE DE FLANDRE

(1328)

Depuis le mois de juin 1323, date de la révolte de Bruges provoquée par la cession du port de l'Écluse à Jean de Namur, la Flandre était dans un profond état d'anarchie[1]. Le comte Louis de Nevers, fait prisonnier par les Brugeois au mois de juin 1325, n'avait été remis en liberté que le 30 novembre de la même année, sous la menace d'une déclaration de guerre faite par le roi de France[2]. Mais Charles IV, qui alors était déjà en lutte avec l'Angleterre, préféra négocier, et le 19 avril 1326 la paix fut conclue à Arques, près de Saint-Omer[3]. Cette paix ne calma pas l'effervescence qui troublait ce pays. Quelques jours s'étaient à peine écoulés que la sédition redoublait de violence et que les pires atrocités venaient à nouveau ensanglanter la Flandre[4]. Bruges dirigeait le mouvement révolutionnaire; Gand, au contraire, soutenait le comte.

1. Voir Henri Pirenne, *le Soulèvement de la Flandre maritime de 1323-1328*. Bruxelles, Kiessling, 1900, p. XV et suiv.

2. Voir dans l'introduction aux *Journaux du trésor de Charles IV le Bel*, p. LXXVIII, ce qui concerne les préparatifs de cette guerre.

3. Limburg-Stirum, *Codex diplomaticus Flandriæ*, t. II, p. 385.

4. Les échevins de Cassel, au nombre de quinze, furent promenés dans les rues, par les émeutiers de Bergues et de Bourbourg, comme un bœuf que l'on veut tuer. On contraignit leurs parents ou leurs amis à frapper le premier coup, puis ils furent mis à mort. D'après l'accord conclu le 25 août 1332 entre Henri Riclin, frère de Simon Riclin, l'une des victimes, d'une part, et plusieurs habitants des châtellenies de Bergues et de Bourbourg accusés d'avoir assassiné ledit Simon, d'autre part, ce massacre dut avoir lieu peu avant l'arrivée de Philippe VI devant Cassel (Arch. du dép. du Nord, B 263, nos 6513 et 7157). Voir aussi Pirenne, *op. cit.*, p. XXVI, et p. 206 et suiv., Arch. nat., J. 569,

Débordé par l'insurrection et trop faible pour lui tenir tête, Louis de Nevers s'enfuit à Paris afin de demander l'appui du roi. Charles IV essaya encore d'apaiser les rebelles et de les amener par la douceur à se soumettre au comte. A Pierrefonds et à Compiègne, il écouta leurs représentants qui lui firent des promesses ; mais sa mort interrompit ces négociations. Pendant sa régence, Philippe de Valois chercha encore à s'entendre au Louvre avec les envoyés des villes de Flandre. Peu après, à Amiens, ayant appris à nouveau les plaintes formulées contre les Flamands, il les assigna à Thérouanne devant ses délégués et conseillers, André de Florence, trésorier de Reims, Robert Bertrand, maréchal de France, et Thomas de Marfontaine, chevalier, leur fixa un rendez-vous et leur donna des lettres de sauf-conduit. On les attendit vainement pendant deux jours ; ils ne se présentèrent pas et ne se firent pas même excuser[1]. Toutes les tentatives de conciliation étaient épuisées.

Lorsque le comte de Flandre rendit hommage à Philippe VI, il lui exposa encore les maux causés à son pays par la rébellion des habitants de Bruges, d'Ypres et de Cassel[2], et réclama son aide pour ramener l'ordre dans ses États. Le roi réunit alors les seigneurs de son entourage[3] et chercha à s'entendre avec eux au sujet du secours à porter au comte de Flandre. Comme un certain nombre d'entre eux proposaient de remettre l'expédition à l'année suivante, afin de réunir plus facilement tout ce qui pourrait être nécessaire à l'armée, le vieux connétable de France, Gaucher de Châtillon[4], interpellé par le roi, fut

n° 1, pièce dans laquelle on donne les noms de huit personnes (Thuin du Bruet, Gilet d'Asbruet, Jean d'Oslare, Robert de Bailleul, Pierre de Zontenay, Gilet Le Vrient, Boidin Vardenare, Didier Desprez) qui furent mises à mort sans jugement sur le territoire de Cassel par les habitants de Bruges, d'Ypres et d'autres villes, et JJ 65 B, n° 28, lettres de rémission accordées au mois de février 1329 (n. st.) en faveur de Lambequin Le Tolvare, qui, pour venger son père et un de ses frères mis à mort, avait tué Pierre de Sommergham, boucher de Bruges, l'un des principaux émeutiers.

1. Arch. nat., J. 569, n° 1.

2. *Grandes Chroniques*, éd. P. Paris, t. V, p. 309; *Guillaume de Nangis*, éd. H. Géraud, t. II, p. 90.

3. Les *Grandes Chroniques*, t. V, p. 310, disent que cette délibération eut lieu à Paris; le *Continuateur de Guillaume de Nangis* (t. II, p. 91) dit qu'elle se fit à Reims immédiatement après le sacre.

4. Les *Grandes Chroniques (ibid.)* et le *Continuateur de Guillaume de Nangis (ibid.)* le nomment Gauthier de Crécy; il est plus connu sous le nom de

au contraire d'avis de ne pas différer. « Qui a bon cœur à batailler trouve toujours le temps convenable », dit-il. Le roi, rempli de joie en entendant ces paroles, l'embrassa en s'écriant : « Qui m'aime me suive. » Le rassemblement fut alors fixé à Arras au dimanche après les octaves de la prochaine fête de la Madeleine, soit au 31 juillet[1].

Dès le 12 juin[2], Philippe VI demanda à l'archevêque de Reims, à l'abbé de Saint-Denis, aux évêques de Senlis, de Tournai et de Thérouanne de lancer contre les échevins, bourgmestres et habitants de Bruges, d'Ypres, de Cassel, de Dunkerque, de Bergues, de Courtrai, etc..., et des autres villes qui faisaient cause commune avec eux, les sentences d'excommunication et d'interdit qu'ils étaient autorisés à fulminer d'abord à la suite du traité d'Athis-sur-Orge (1305)[3], puis par une bulle de Jean XXII du 6 avril 1327[4]. Pour justifier cette demande d'excommunication, Philippe VI n'invoquait pas seulement des désobéissances, comme le refus par les villes de Bruges et d'Ypres d'abattre leurs fortifications, de payer les sommes ou d'accomplir les pèlerinages auxquels elles avaient été condamnées, mais de véritables crimes, comme le massacre de plusieurs habitants de Bruges et d'Arden-

Gaucher de Châtillon. Seigneur de Châtillon-sur-Marne et de Crécy, il fut créé connétable de France après la bataille de Courtrai en 1302, prit part aux batailles contre les Flamands de Mons-en-Pevelle en 1304 et de Cassel en 1328 et mourut à l'âge de quatre-vingts ans, en 1329 (P. Anselme, *Hist. généal.*, t. VI, p. 90).

1. Les *Grandes Chroniques* (t. V, p. 310) et le *Continuateur de Guillaume de Nangis* (t. II, p. 92) disent que le rendez-vous fut fixé à la fête de la Madeleine à Arras, soit au 22 juillet. La *Chronographia regum Francorum* (t. II, p. 2) se rapproche plus de la vérité en donnant la date de l'octave de la Madeleine. C'est une lettre adressée au sénéchal de Beaucaire le 18 juin 1328 qui fixe la date exacte à laquelle l'armée fut convoquée à Arras, « le dimanche après les octaves de la prochaine Magdalene » (*Hist. de Languedoc*, nouv. éd., t. X, col. 674 et 675).

2. Arch. nat., J 569, n°s 1 *bis*, 1 *ter* et 5 *bis*. Les sentences d'excommunication furent fulminées contre les Flamands par l'abbé de Saint-Denis le 17 juin, par l'official de Tournai le 15 juillet, par celui de Thérouanne le 22 juillet, par l'évêque d'Arras le 25 juillet (Ibid., n°s 2 et 2 *bis*, 3, 4 et 5).

3. Funck-Brentano, *les Origines de la guerre de Cent ans. Philippe le Bel en Flandre*, p. 500.

4. Gilliodts-Van Severen, *Inventaire des archives de la ville de Bruges*, t. I, p. 384-387. La bulle est mal datée dans cet ouvrage. Le 11 juillet 1328, le trésor versa déjà 96 l. p. à Pierre Barrière, évêque de Senlis, qui avait été envoyé dans le Tournaisis et le Cambrésis pour y publier les sentences d'excommunication et d'interdit contre les rebelles de Bruges et d'Ypres (J. Viard, *Journaux du trésor de Philippe VI de Valois*, n° 46).

bourg qui s'étaient réfugiés dans l'église Notre-Dame d'Ardenbourg, comme la mise à mort d'un habitant d'Ypres que les révoltés de cette ville avaient été prendre dans la châtellenie de Lille après avoir franchi la Lys, comme les massacres commis à Cassel, l'occupation par des troupes armées de l'église de Waten, etc.[1].

Afin de subvenir aux besoins de son armée, Philippe VI demanda « un subside pour l'ost de Flandre », qui, perçu dans vingt-six bailliages et sénéchaussées, produisit 231,078 liv. 18 s. 11 d. ob. t.[2].

Les troupes furent convoquées sans retard, et dès le commencement du mois de juin l'ost de Flandre commença à se former[3].

1. Arch. nat., J. 569, n° 1. D'après le *Chronicon comitum Flandrensium*, dans *Corpus chronicorum Flandriæ*, t. I, p. 204, les habitants de Bruges auraient encore, après l'interdit, envoyé à Paris l'abbé des Dunes, Lambert Uppenbrouck, pour traiter avec le roi; mais c'était sans doute pour chercher à gagner du temps, car, dit le chroniqueur : « Ipsi tamen hoc totum ficto faciebant, quia et ipsi semper sic stare in dominio et nunquam pacem habere cupiebant. »

2. *Bibl. Éc. des chartes*, t. II, p. 169, et Bibl. nat., ms. fr. 20853, fol. 17 v° à 19 v°. Le total donné par le ms. de la Bibl. nat. est erroné; on a : 229,120 liv. 18 s. 11 d. ob. t. Cf. *Bibl. Éc. des chartes*, t. II, p. 173, note 1, où M. Dureau de la Malle le rectifie. Voir, pour la manière dont ce subside fut levé dans les différentes parties de la France, J. Viard, *les Ressources extraordinaires de la royauté sous Philippe VI de Valois*, dans *Revue des Questions historiques*, t. XLIV (juillet 1888), p. 168 à 170. En Bourgogne, suivant les instructions adressées par le roi, le 3 septembre 1328, aux baillis de Sens et de Mâcon et aux collecteurs, on laissa le duc lever ce subside en son duché (original dans Arch. du dép. de la Côte-d'Or, B 11715, cote 79; publié par D. Plancher, *Hist. de Bourgogne*, preuves, n° 248), et ce fut lui qui entretint et paya les hommes d'armes qui l'accompagnèrent (Arch. de la Côte-d'Or, B 11873). A l'occasion de la perception de ce subside, Philippe VI accorda aux mois de novembre et décembre 1328 des lettres de non-préjudice aux villes des jugeries de Rieux, de Villelongue, de Verdun, de Lauraguais, de Rivière et d'Albigeois (Arch. nat., JJ 65 B, n°s 49, 50, 51, 94, 120, 134, 177).

3. Au 16 juin 1328, des lettres d'état sont déjà données en faveur de Robert de Flandre, seigneur de Cassel, qui se trouvait alors en personne à l'armée de Flandre (J. Viard, *Lettres d'état enregistrées au Parlement sous le règne de Philippe VI de Valois*, n° 9), et le 18 juin le roi écrivit au bailli de Lens pour la convocation du ban et de l'arrière-ban en vue de la guerre contre les Flamands (Pirenne, *op. cit.*, p. XXVIII, note 2). A la même date, le roi envoya également des lettres pour la même convocation au sénéchal de Beaucaire (*Hist. de Languedoc*, nouv. édit., t. X, col. 674 à 676). Dès le mois de juin, des approvisionnements de vin pour l'armée de Flandre furent envoyés par l'Oise, au delà de Compiègne (Arch. nat., JJ. 65ᴬ, n° 124).

Non seulement Philippe de Valois rassembla des hommes d'armes pour attaquer les Flamands sur terre, mais il prit aussi les dispositions nécessaires pour leur résister dans le cas où ils voudraient tenter une diversion sur les ports de Normandie[1]. De grands approvisionnements furent également réunis à Saint-Omer, à Lille et à Tournai[2]. En face de ces préparatifs, quelques rebelles demandèrent à faire leur soumission, tels ceux de la ville et de la châtellenie de Courtrai[3].

Philippe VI employa une partie du temps qui s'écoula avant son départ pour l'armée à la visite des églises, des hôpitaux et à la pratique d'œuvres de miséricorde pour attirer les bénédictions de Dieu sur cette campagne[4]. Il dut même accomplir un pèlerinage à Chartres, car nous relevons sa présence en cette ville au 8 juillet[5]. Après être allé également à Saint-Denis véné-

1. Dès le 20 juin 1328, Jean Le Mire, huissier d'armes de Philippe VI, fut envoyé à Dieppe et dans d'autres villes pour organiser l'armée de mer, et le 9 août suivant le roi ordonna aux baillis de Rouen et de Caux de ne pas contraindre les habitants de Dieppe et des autres ports et villes de Normandie, sises sur la mer, à verser le subside pour la guerre de Flandre, à cause des charges qu'ils ont à supporter pour la garde de ces villes et pour tout ce qui concerne l'armée navale (Arch. de la Seine-Inférieure, G. 851, fol. 36 et 39. Voir aussi Ch. de La Roncière, *Hist. de la marine française*, t. I, p. 387-388). D'après la note 1 de la page 387, Pierre Miège, amiral de Philippe VI, aurait reçu 11,342 livres pour l'équipement de la flotte envoyée contre les Flamands. Les habitants de Tournai furent aussi dispensés, le 10 août 1328, de tout service hors de la ville pour leur permettre de la garder (Arch. communales de Tournai, layette de 1328).

2. *Chronographia regum Francorum*, éd. Moranvillé, t. II, p. 3.

3. Par lettres du 24 juin 1328, Louis, comte de Flandre, nomma des commissaires pour recevoir la soumission des rebelles de la ville et de la châtellenie de Courtrai; ils devaient rendre la ville, reconnaître le roi et Louis comme leurs seigneurs et les aider en cette guerre contre les autres révoltés (Arch. du Nord, B 619, n° 5868). Cette soumission ne s'effectua sans doute pas alors, ou ne fut que partielle, car avant la bataille de Cassel les rebelles de Courtrai devaient marcher sur Lille avec ceux d'Ypres (*Chronographia regum Francorum*, t. II, p. 3). De plus, les délégués pour la soumission de Courtrai ne furent nommés par les échevins que le 9 septembre; et par des lettres datées de Wytschaete (Belgique, Flandre occidentale, arr. d'Ypres, cant. de Messines), par conséquent du 9 ou du 11 septembre, Philippe VI fait savoir qu'il dut marcher contre cette ville et que, par pitié, il lui accorde le pardon qu'elle lui demande (Arch. du dép. du Nord, B 1562, fol. 249 v° et 250).

4. *Grandes Chroniques*, éd. P. Paris, t. V, p. 310.

5. J. Viard, *Itinéraire de Philippe VI de Valois*, p. 17 (extrait de la *Bibliothèque de l'École des chartes*, t. LXXIV (1913). Cf. *Grandes Chroniques*, t. V, p. 311, n. 1.

rer les corps de l'apôtre des Gaules et de ses compagnons, y entendre la messe et recevoir l'oriflamme des mains de l'abbé Guy, oriflamme qu'il confia à Mile de Noyers[1], il partit pour Arras, où nous le trouvons au commencement du mois d'août[2]. Après avoir séjourné dans cette ville jusqu'au 9, il la quitta ce jour même pour marcher sur Cassel en passant par Étrun[3], où nous le trouvons campé le 10. Le 11, il fut à Aubigny[4]. Le 12, il campa à Houdain[5], dans les écarts de cette ville et dans les localités voisines, à Gauchin[6], à Rebreuve, à Baraffle, à Cuvigny, à Ranchicourt, à Beugin, à Divion, au Vieux-Fort, à Hermin, à Calonne[7]. Le 13, il quitta Houdain pour aller camper près de Gosnay[8], où il séjourna jusqu'au 16. Le 17, il campait près de l'abbaye de Ham[9]. Le samedi 20 au matin, il franchit le Neuf-Fossé, pénétra en Flandre avec toute son armée entre Blaringhem[10] et le Pont-Asquin[11] et campa sous la forêt de Ruhout, qui appartenait au comte d'Artois, près d'un étang de l'abbaye de Clairmarais[12]. Enfin, le lundi 22 août l'armée royale, qui avait ravagé tout le pays[13], fixa ses tentes devant Cassel[14].

1. *Grandes Chroniques*, t. V, p. 311. Ce fut une oriflamme neuve que l'on prit pour cette campagne : « Pro aurifambla domini regis nova facta pro exercitu Flandrensi, 18 l. 14 s. 11 d. » (Arch. nat., LL 1241, fol. 82).

2. J. Viard, *Itinéraire de Philippe VI de Valois*, p. 17.

3. Étrun, Pas-de-Calais, arr. et cant. d'Arras. Par suite d'une faute de lecture ou d'une mauvaise transcription, M. Pirenne (*le Soulèvement de la Flandre maritime de 1323-1328*, p. XXVIII, n. 3) dit par erreur que le 10 août le roi était à Écouen.

4. Aubigny, Pas-de-Calais, arr. de Saint-Pol, ch.-l. de cant.

5. Houdain, Pas-de-Calais, arr. de Béthune, ch.-l. de cant.

6. Auj. Gauchin-le-Gal, cant. d'Houdain.

7. Auj. Calonne-Ricouard, cant. d'Houdain. Voir Bibl. nat., Clairambault, vol. 470, p. 205 à 265; compte des indemnités accordées aux habitants de la ville d'Houdain et des localités environnantes pour les dommages qu'ils subirent par suite du campement de l'armée française. Les dommages causés surtout aux récoltes s'élevèrent à 2,431 livres.

8. Gosnay, Pas-de-Calais, arr. de Béthune, cant. d'Houdain.

9. Ham, Pas-de Calais, arr. de Béthune, cant. de Norrent-Fontes.

10. Blaringhem, Nord, arr. et cant. d'Hazebrouck.

11. Le Pont-Asquin, Pas-de-Calais, arr. de Saint-Omer, cant. d'Aire-sur-la-Lys, comm. de Wardrecques.

12. Clairmarais, Pas-de-Calais, arr. et cant. de Saint-Omer. Voir *Chronographia regum Francorum*, t. II, p. 4.

13. « Ignis ubique per terram ponitur, spolia diripiuntur, nulli parcitur » (*Chronicon comitum Flandrensium*, dans *Corpus chronicorum Flandriæ*, t. I, p. 204).

14. *Itinéraire de Philippe VI de Valois*, p. 18.

Pendant que Philippe de Valois marchait ainsi sur ses ennemis, il avait envoyé Robert de Cassel avec deux cents hommes d'armes à Saint-Omer et Louis, comte de Flandre, vers Lille, entre la Lys et l'Escaut[1]. Les Flamands se sentant menacés à l'est et au sud, et ne sachant par où le roi pourrait les attaquer, furent obligés de se disperser. Obéissant aux émeutiers de Bruges et d'Ypres, ceux des territoires de Furnes, de Dixmude, de Bergues, de Cassel et de Poperinghe se massèrent sur le mont de Cassel; ceux de Bruges et du Franc allèrent vers Tournai, et ceux d'Ypres et de Courtrai allèrent vers Lille[2].

L'armée française campée sous Cassel comprenait dix batailles ou divisions. La première, commandée par les deux maréchaux et le maître des arbalétriers, avait six bannières et était en outre suivie de tous les gens de pied et des charrois.

La deuxième, sous les ordres de Charles, comte d'Alençon, avait vingt et une bannières; elle fixa ses tentes au pied du mont de Cassel[3].

La troisième, commandée par le maître de l'Hôpital de Saint-Jean de Jérusalem et Guichard VI, sire de Beaujeu, groupait tous les Languedociens et avait treize bannières.

Le connétable Gaucher de Châtillon avait la quatrième sous ses ordres; elle comprenait huit bannières.

La cinquième, commandée par le roi, avait trente-neuf bannières. Avec lui marchaient le roi de Navarre Philippe d'Évreux, le duc de Lorraine Ferri IV et le comte de Bar Édouard Ier; de plus, Mile de Noyers, qui portait l'oriflamme, commandait encore une fraction comprenant six bannières.

La sixième, sous les ordres d'Eudes IV, duc de Bourgogne, avait dix-huit bannières.

Guigues VIII, dauphin de Viennois, commandait la septième qui comprenait douze bannières.

Guillaume Ier, comte de Hainaut, était à la tête de la huitième, avec dix-sept bannières, et Jean de Hainaut, son frère, conduisait les hommes du roi de Bohême.

La neuvième, qui avait quinze bannières, était conduite par

1. *Grandes Chroniques*, t. V, p. 311-312, et *Chronographia regum Francorum*, t. II, p. 3. Le *Chronicon comitum Flandrensium* dit aussi que le comte de Flandre, avec le comte de Namur, les Gantois et un grand nombre d'hommes d'armes attaquèrent du côté de l'est les Brugeois et leurs partisans.

2. *Grandes Chroniques*, t. V, p. 312, et *Chronographia regum Francorum*, t. II, p. 3.

3. *Istore et croniques de Flandres*, éd. Kervyn de Lettenhove, t. I, p. 343.

Jean III, duc de Bretagne. Ces dernières divisions allèrent occuper les places que les maréchaux leur avaient assignées à deux lieues du mont de Cassel[1].

L'arrière-garde, qui formait la dixième division, était conduite par Robert d'Artois et avait vingt-deux bannières; elle contourna toute l'armée, passa devant les tentes du roi et alla camper près de l'abbaye de Woestine[2]. Le lendemain, Louis Ier, duc de Bourbon, vint rejoindre l'armée avec sa division qui comprenait quatorze bannières.

Deux cents arbalétriers et quatre cents sergents armés d'épées et de lances, envoyés le 17 août par la ville de Tournai, vinrent encore retrouver le roi devant Cassel. Ils étaient commandés par quatre hommes d'armes à cheval : Gontier de Calonne, Gilles Mouton, Simon de le Verte et Jean Musiaus. Ce dernier, originaire de Tournai, était d'une taille extraordinaire[3] et fut présenté au roi. Ces Tournaisiens prirent leurs quartiers à côté du comte de Hainaut, tout près du mont de Cassel[4].

Depuis la ville de Cassel, les Flamands, commandés par Colin Zannequin, assistèrent pendant plusieurs jours au déploiement et à l'organisation de l'armée française. Se croyant en sécurité et à l'abri de toute attaque sur cette éminence, pour narguer le roi, ils peignirent un coq sur une toile rouge, avec cette inscription au-dessous[5] :

Quant ce coq ci chanté ara,
Le roi trouvé[6] ça entrera,

1. *Istore et croniques de Flandres*, éd. Kervyn de Lettenhove, t. I, p. 343.

2. Woestine, Nord, arr. et cant. d'Hazebrouck, comm. de Renescure. D'après le *Chronicon comitum Flandrensium*, dans *Corpus chronicorum Flandriæ*, t. I, p. 204, cette abbaye, qui ne s'était pas placée sous la sauvegarde royale, aurait été incendiée.

3. « Homo magne stature sed juvenis, et erat quasi monstrum » (*Chronique et annales de Gilles Le Muisit*, éd. Henri Lemaître, p. 99. Cf. Jacques Muevin, éd. de Smet, dans *Corpus chronicorum Flandriæ*, t. II, p. 460.

4. Gilles Le Muisit, *Ibid.*

5. *Grandes Chroniques*, t. V, p. 311. D'après le *Continuateur de Guillaume de Nangis*, édition H. Géraud, t. II, p. 94, l'inscription portait :

« Quand ce coq chanté aura
Le roy Cassel conquestera »,

et d'après la *Chronique parisienne anonyme* (dans *Mémoires de la Soc. de l'histoire de Paris et de l'Ile-de-France*, t. XI, p. 118) :

« Quand cest cocq chantera
Le roy franchoiz Cassel prendra. »

6. Roi trouvé, c'est-à-dire roi de hasard; allusion à l'élection qui, à défaut de l'hérédité, le porta sur le trône.

et le placèrent sur l'endroit le plus élevé de Cassel. Ensuite ils établirent leur camp hors de la ville, sur le mont, afin que les Français pussent bien les voir. Philippe de Valois, de son côté, se rapprocha encore de ses ennemis et vint camper sur la petite rivière appelée la Peene-Becque, qui prend sa source au pied du mont de Cassel[1].

Voyant les Flamands établis dans une forte position, Philippe de Valois délibéra avec quelques-uns de ses principaux seigneurs sur les moyens que l'on pourrait prendre afin de les attirer au pied de la montagne. Le mardi 23 août, au point du jour, il envoya les deux maréchaux et Robert de Cassel, qui était venu le rejoindre avec cinq bannières[2], incendier des villages dans la direction de Bergues, espérant que les Flamands descendraient pour courir sus aux incendiaires. Il n'en fut rien.

Ce même jour, comme déjà la veille, un certain nombre d'arbalétriers et de gens de pied ou bidaux[3] gravirent les premières pentes du mont de Cassel, et lancèrent des traits et des flèches sur quelques groupes d'ennemis venus à leur rencontre. Les chevaliers montés sur leurs chevaux, en simple cotte d'armes, assistaient à ces joutes comme à un spectacle[4], mais n'engageaient toujours pas l'action. A la suite de ces escarmouches, l'alerte fut même donnée au camp français, les bidaux ayant dû s'enfuir pressés par un groupe d'ennemis bien supérieur[5]. Cette alerte fut de courte durée et tout rentra bientôt dans le calme.

Pendant ce temps, les maréchaux étaient revenus de fourrager. Leur troupe, fatiguée à la suite de cette randonnée, se prépara à se mettre au repos. La garde du camp français n'était même pas assurée, et les seigneurs et les chevaliers jouaient aux dés ou passaient en robe d'une tente à l'autre, devisant et cau-

1. *Chronographia regum Francorum*, t. II, p. 6.

2. *Ibid.*

3. « Adecertez environ IIIIc dez soudaiers de l'ost dez Franchoiz, de leur auctorité, si comme l'en dit, le lundi et au jour de mardi, vigille de feste saint Berthelemieu l'appostre, monterent à mont la montaigne vers les Flamens et à eux souvent geterent » (*Chronique parisienne anonyme*, dans *Mémoires de la Soc. de l'histoire de Paris et de l'Ile-de-France*, t. XI, p. 118, et *Continuateur de Guillaume de Nangis*, t. II, p. 96).

4. *Grandes Chroniques*, t. V, p. 315.

5. *Continuateur de Guillaume de Nangis*, t. II, p. 97, et *Chronique parisienne anonyme*, p. 118.

sant entre eux. Le roi, qui venait de prendre son repas, allait faire la sieste, après s'être concerté avec son conseil[1].

Les Flamands, fatigués par la chaleur, énervés par l'inaction à laquelle ils se condamnaient depuis quelques jours et pressés aussi par le manque de vivres[2], voulurent sans doute profiter de la quiétude dans laquelle était plongé le camp français. On était vers la fin du jour[3]. Brusquement, divisés en trois corps[4], sans pousser un cri[5], ils descendirent à grands pas, tous à pied, armés de bâtons et de godendars, la croix rouge sur leurs panonceaux et leurs bannières[6]. La surprise fut grande dans l'armée royale. Les premiers qui les virent s'enfuirent vers la ville de Saint-Omer[7]. Sans s'attarder à leur poursuite, les Flamands se dirigèrent vers la tente du roi, espérant le surprendre.

Sur leur passage, ils rencontrèrent Regnault de Laur[8], chevalier du roi, qui, tout surpris, leur demanda qui ils étaient. Ils

1. *Continuateur de Guillaume de Nangis*, éd. Géraud, t. II, p. 96; *Grandes Chroniques*, t. V, p. 316.

2. « Montem circuibant sic undique cursores et prædones regis exercitus, quod populares existentes in monte penuriam victualium jam habebant » (*Chronicon comitum Flandrensium*, dans *Corpus chronicorum Flandriæ*, t. I, p. 205).

3. « Et fu à l'eure de vespres sonnans » (*Grandes Chroniques*, t. V, p. 316). « Hora vesperarum » (*Chronographia*, t. II, p. 7, et *Gilles Le Muisit*, éd. Lemaître, p. 100, n. 1, d'après Archives de Mons, cartulaire 89, fol. 44 v°). « Sur l'eure de bassez vespres » (Froissart, éd. Luce, t. I, p. 299).

4. « Et s'en vinrent tout paisieulement, sans point de noise, ordonné en trois batailles, desqueles li unes en ala droit as tentes le roi... (cette colonne aurait été commandée par Zannequin lui-même). Li aultre bataille s'en ala droit as tentes le roi de Behagne... Et la tierce bataille s'en ala droitement as tentes le conte de Haynau » (Froissart, éd. Luce, t. I, p. 85 et 299).

5. « Sans criz, ne noise » (*Istore et croniques de Flandres*, éd. Kervyn de Lettenhove, t. I, p. 244). Le *Chronicon comitum Flandrensium* (p. 205) dit, au contraire, qu'ils descendirent « cum furore nimio, clamando et cursitando », mais toutes les autres chroniques le contredisent.

6. *Chronique parisienne anonyme*, p. 118.

7. *Grandes Chroniques*, t. V, p. 316.

8. Ce chevalier est sans doute le même que Regnault ou Renaud de Laur qui, chargé d'une enquête avec le prévôt de Paris, est qualifié de chevalier du roi dans des lettres de Philippe le Long du mois de juillet 1321 (Arch. nat., JJ. 60, n° 159). Ce roi lui confia différentes missions, et en particulier une mission auprès du roi de Bohême. Il dut également être châtelain de Laon de 1320 à 1322; il était le père de Gaucher de Laur (J. Viard, *Journaux du trésor de Charles IV le Bel*, n°s 840, 2282, 3989, 5399, etc.).

répondirent qu'ils étaient de bonnes gens et qu'ils venaient se rendre. Sur sa remarque que des hommes venant se rendre n'agissent pas ainsi, il fut tué avec un de ses écuyers[1]. Cependant, l'alerte était donnée. Les maréchaux et leur troupe, qui n'étaient pas encore complètement désarmés, remontèrent sur leurs chevaux et foncèrent sur l'ennemi. Les Flamands, voyant leur petit nombre, n'en continuèrent pas moins leur marche en avant[2]. Les Tournaisiens[3] et Robert de Cassel vinrent au secours des maréchaux; la progression de l'ennemi fut alors arrêtée; il n'était plus qu'à deux ou trois portées d'arbalète de la tente du roi, c'est-à-dire à peine à quelques centaines de mètres[4].

Pendant ce temps, Guillaume, comte de Hainaut, qui était sur un des flancs de la montagne de Cassel, le dauphin de Viennois, le connétable Gaucher de Châtillon, le maréchal de France Robert Bertrand, voyant les Flamands descendre en si grand nombre sur l'armée française et aller droit aux tentes du roi, firent sonner les trompettes, s'armèrent promptement et avec leurs gens coururent sus à l'ennemi en criant « aux armes ». Les Toulousains, les Périgourdins et quelques Français saisis de frayeur prirent la fuite[5]. Néanmoins, le comte de Hainaut ayant pu prendre les Flamands à revers, ces derniers se trouvèrent cernés de toutes parts.

Le roi qui, avant l'attaque de l'ennemi, s'était retiré sous sa tente afin de prendre quelque repos, fut prévenu de ce qui se passait par un Frère Prêcheur, son confesseur. Il ne voulut d'abord pas le croire : « Vous êtes clerc et vous effrayez de rien », lui dit-il en riant[6]. Tandis qu'ils discutaient et que le moine lui affirmait que les Flamands étaient à peu de distance, Mile de Noyers, chargé de porter l'oriflamme, entra dans la tente royale, confirma les paroles du confesseur et engagea Philippe VI à s'armer promptement. Mais le roi ne trouva aucun chevalier ou écuyer pour le revêtir de son armure, chacun songeant à soi. Seuls, ses chapelains et quelques clercs durent l'aider. Enfin, la tête recou-

1. *Chronique parisienne anonyme*, p. 119, et *Continuateur de Guillaume de Nangis*, t. II, p. 97.
2. *Grandes Chroniques*, t. V, p. 316.
3. *Gilles Le Muisit*, éd. Henri Lemaître, p. 100.
4. *Grandes Chroniques (ibid.); Chronographia regum Francorum*, t. II, p. 7.
5. *Chronique parisienne anonyme*, p. 119.
6. *Continuateur de Guillaume de Nangis*, t. II, p. 97.

verte d'un bassinet garni de cuir blanc, le corps revêtu d'une tunique aux armes de France, sans grèves[1], il sortit de sa tente et monta à cheval.

Accompagné à droite de Fastre de Ligne, de Gui de Bauçay et de Jean de Chepoy; à gauche, de Trouillard d'Usages et de Sanche de Bauçay; derrière, du Borgne de Seris[2] qui portait son heaume couronné de fleurs de lis; devant, de Jean de Beaumont qui portait son écu et sa lance, et de Mile de Noyers qui, monté sur un grand destrier, tenait à sa main l'oriflamme[3], Philippe VI voulait aller droit à l'ennemi; mais Mile de Noyers, habile homme de guerre, lui fit comprendre qu'il ne serait pas prudent d'aborder les Flamands de front et qu'il était préférable de les prendre en flanc[4]. Son avis fut écouté et la petite troupe fit un détour. A la vue des insignes royaux, toute la chevalerie se groupa autour du roi, beaucoup de fantassins ayant pris la fuite. Les Flamands, se voyant attaqués de tous côtés, se resserrèrent de manière à former une masse compacte en forme de cercle capable de résister aux assauts de la cavalerie. Armés de solides bâtons très aigus, ils se défendaient vigoureusement, frappant les chevaux au poitrail et en tuant un grand nombre. Au cri de Montjoie-Saint-Denis, toute la noblesse de France, Charles, comte d'Alençon, frère du roi; Philippe, comte d'Évreux, roi de Navarre; Louis, duc de Bourbon; le duc de Bourgogne; Jean, duc de Bretagne; Robert d'Artois, comte de Beaumont; le dauphin de Viennois, le comte de Bar et d'autres princes, comtes ou barons, entourés d'hommes d'armes et de sergents, cherchaient à pénétrer dans la masse des ennemis[5]. Mais les Flamands, encerclés par la cavalerie, se défendaient avec courage et fai-

1. *Grandes Chroniques*, t. V, p. 316 et 317, n. 1, et *Continuateur de Guillaume de Nangis*, t. II, p. 98.

2. Gui de Seris, dit le Borgne, avait été chambellan de Philippe le Long, comme nous l'apprennent des lettres du mois de mai 1328, par lesquelles Philippe VI confirme la donation qui lui fut faite, le 23 avril 1320, de divers revenus sur le territoire de Château-Renard (Loiret) et lui concède ces mêmes revenus à héritage en retour des services qu'il lui rendit avant de parvenir au trône (Arch. nat., JJ 65 A, nos 86 et 211).

3. *Grandes Chroniques*, t. V, p. 317, et *Chronographia regum Francorum*, t. II, p. 7 et 8.

4. *Continuateur de Guillaume de Nangis*, t. II, p. 98.

5. *Chronique parisienne anonyme*, dans *Mémoires de la Soc. de l'histoire de Paris et de l'Ile-de-France*, t. XI, p. 120.

saient une véritable hécatombe de chevaux. En face de cette lutte acharnée, quelques chevaliers expérimentés dans l'art de la guerre, se rendant compte de la force que l'ennemi pourrait puiser dans le désespoir, proposèrent d'écarter leurs rangs du côté de la montagne pour lui permettre de fuir. Le stratagème réussit. La fureur des Flamands fit place à la panique; pressés de sauver leur vie, ils se précipitèrent vers l'issue qui leur était offerte et s'enfuirent dans la direction de Cassel, poursuivis par l'armée française qui en massacra un grand nombre[1].

Pour mieux combattre un groupe de Flamands qui s'était retranché dans un clos, le comte de Hainaut mit pied à terre, ainsi que toute sa cavalerie, et les attaqua la lance au poing. La lutte fut chaude, mais la victoire resta aux Français.

Les rebelles étaient en pleine déroute et les cadavres d'un grand nombre d'entre eux jonchaient le sol. Parmi eux on retrouva celui de leur chef, Colin Zannequin. Si l'on s'en rapporte à la plupart des chroniques, le chiffre des morts sur le champ de bataille s'éleva à environ douze mille[2]. Le continuateur de Guillaume de Nangis donne même un chiffre précis; d'après lui, onze mille cinq cent quarante-sept Flamands auraient été tués à Cassel, et, dit-il, si l'on ajoute le nombre de ceux qui périrent en divers endroits, dans la poursuite des fuyards, le total s'éleva à dix-neuf mille huit cents, comme le roi l'attesta par des lettres adressées à l'abbé de Saint-Denis[3]. Du côté français, s'il y eut

1. *Chronicon comitum Flandrensium*, dans *Corpus chronicorum Flandriæ*, t. I, p. 205

2. *Continuateur de Guillaume de Nangis*, t. II, p. 99; *Gilles Le Muisit*, p. 100, n. 1, et p. 101; *Chronographia regum Francorum*, t. II, p. 9; *Chronique normande*, p. 36, etc.

3. « Viginti millia, ducentis minus, sicut rex Franciæ testificatus fuit per suas sigillatas litteras super hoc abbati Sancti Dyonisii directas, quas vidi. » Les *Grandes Chroniques*, t. V, p. 318, donnent le même chiffre : « Y ot mors, des Flamens, si comme en aucunes chroniques est contenu, dix neuf mille et huit cens personnes ». Froissart, éd. Luce, t. I, p. 86, et Jean le Bel, éd. Viard et Déprez, t. I, p. 94, donnent le chiffre de quinze mille, que M. Luce trouve très exagéré (Froissart, t. I, p. CLV, note 1). S'appuyant sur le livre des inventaires des héritages des Flamands tués à la bataille de Cassel publié par Mannier (*les Flamands à la bataille de Cassel*), il en fixe le nombre à « 3,192, auxquels il faut ajouter les morts de Cassel », mais M. Pirenne, dans une nouvelle édition qu'il donna de ce document (*le Soulèvement de la Flandre maritime de 1323-1328*, p. LVI), relevant l'importance des omissions constatées dans ce manuscrit, ajoute : « Nous pouvons être sûrs du moins qu'il est loin de nous donner la liste complète des combattants, et que le chiffre des morts de Cassel

beaucoup de chevaux tués[1], les pertes en hommes furent peu sensibles. Le continuateur de Guillaume de Nangis, qui semble bien informé, donne un chiffre à peine croyable; selon lui, le nombre des tués, tant nobles que roturiers, n'excéda pas dix-sept[2]. Les *Grandes Chroniques*[3] nous apprennent que huit chevaliers, dont Regnault de Laur, furent enterrés à l'abbaye de Saint-Bertin et aux Cordeliers de Saint-Omer. Elles nous font connaître, en outre, parmi les malades ou les blessés, le duc de Bretagne, le comte de Bar, le comte de Boulogne, Louis de Savoie blessé à la main, Bouchard de Montmorency blessé au pied, Henri de Bourgogne qui eut un œil crevé, et, ajoutent-elles : « Tout plain d'autres haus hommes des quiex je ne sais les noms[4] ».

Les rebelles furent poursuivis jusque dans Cassel et la ville incendiée par l'armée française[5]. Après la bataille, le roi revint dans sa tente, déposa ses armes, fit chanter le *Te Deum*, et par des prières remercia Dieu, la Vierge et saint Denis de la victoire

dépasse certainement de beaucoup celui qu'il nous fournit ». Nous pensons donc que l'on peut accepter le témoignage de la Chronique de Guillaume de Nangis appuyé sur des documents officiels et corroboré par d'autres chroniqueurs contemporains. Voir aussi *Bibliothèque de l'École des chartes*, t. II, p. 169.

1. « Equorum permaximus numerus » (*Continuateur de Guillaume de Nangis*, t. II, p. 99).

2. « De Franciscis vero pauci sunt mortui, ita ut numerus mortuorum in ipso conflictu ultra decem et septem personas tam nobilium quam ignobilium non excederet » (*Ibid*). Si l'on admet ce chiffre, on ne peut l'expliquer que par la grande différence existant entre l'armement de l'armée française et celui des rebelles qui n'avaient que des bâtons et des piques, et n'étaient pas protégés contre les coups comme les chevaliers bardés de fer; par ce fait que les Flamands pénétrèrent dans le camp français sans tuer personne : « Et transierunt plura tentoria neminem occidentes aut concussientes, sed tacite ibant » (*Gilles Le Muisit*, p. 100), et enfin par le désordre et la confusion qui durent se produire dans leur troupe, quand après avoir été cernés ils furent poursuivis par la cavalerie.

3. T. V, p. 318. Cf. *Chronographia regum Francorum*, t. II, p. 9. Parmi les personnages qui moururent des suites des blessures reçues à la bataille de Cassel, il ne faut pas oublier Ferri IV, duc de Lorraine.

4. Quelques Tournaisiens furent tués. Suivant Gilles Le Muisit (p. 101), ils étaient chargés de la garde du roi : « Et grandem fiduciam habebat rex in eisdem, precipiens ut se et sua tentoria vicissim custodirent ». On peut encore signaler parmi ceux qui se distinguèrent en cette bataille, Robert, seigneur d'Uzès, dont la seigneurie fut érigée en vicomté par lettres du mois de septembre 1328, en récompense de ce qu'il s'était exposé pour la défense du roi (*Hist. de Languedoc*, nouv. éd., t. X, col. 681-683).

5. *Grandes Chroniques*, t. V, p. 318.

qu'ils lui avaient donnée[1]. Une troupe de Brugeois qui venait au secours de ceux qui luttaient à Cassel, ayant appris la victoire de Philippe VI, retourna à Bruges[2].

Le roi ne quitta pas de suite le théâtre de la lutte. Il campa encore pendant plusieurs jours sous Cassel afin de procurer quelque repos à son armée[3], puis se dirigea sur Ypres, qui avait été un des principaux foyers de l'insurrection.

L'écrasement complet des rebelles à Cassel ne tarda pas à produire ses fruits. Le soir même de la bataille, environ quatre-vingts Flamands des villages voisins vinrent en chemise se rendre et implorer la grâce du roi. Les Français, encore dans l'exaspération de la lutte qu'ils venaient de soutenir, tuèrent une trentaine de ces malheureux, malgré la sauvegarde qui leur avait été accordée[4]. Dès le 24 août, lendemain de la bataille, la ville de Dunkerque nomma ses délégués pour faire sa soumission au roi et lui promettre de marcher avec lui[5]. Le 26 août, les villes de Furnes, Nieuport, Lombartzijde[6], Reninghe[7], Vlamertinghe, Elverdinghe, Zuydschote[8], Nordschoote[9], Locre, Woesten[10] se soumirent également[11]. Après, ce furent les villes de Poperinghe le 27 août[12], d'Ypres le 2 septembre[13], d'Oudenbourg le 5 septembre[14], de Courtrai et de Bruges le 9[15], etc.

1. *Continuateur de Guillaume de Nangis*, t. II, p. 99 et 100.

2. *Ibid.*, p. 101.

3. « Le roy de France fu par quatre jours aux champs où la bataille avoit esté faite » (*Grandes Chroniques*, t. V, p. 318). Cf. *Chronographia regum Francorum*, t. II, p. 10. D'après son itinéraire, Philippe VI resta campé sous Cassel jusqu'au 28 août inclusivement. Le 29, il s'était établi près d'Eecke (Nord, arr. d'Hazebrouck, cant. de Steenvoorde); il était par conséquent sur la route d'Ypres.

4. *Chronique parisienne anonyme*, dans *Mémoires de la Société de l'histoire de Paris et de l'Ile-de-France*, t. XI, p. 121.

5. Arch. dép. du Nord, B 1562, fol. 271 v°.

6. *Ibid.*, B 1562, fol. 271, 272, 273. — Nieuport et Lombartzijde (Belgique, Flandre occidentale, arr. de Furnes).

7. Reninghe (Belgique, Flandre occidentale, arr. de Dixmude).

8. Vlamertinghe, Elverdinghe, Zuydschote, arr. d'Ypres.

9. Nordschoote, arr. de Dixmude.

10. Locre, Woesten, arr. d'Ypres.

11. Arch. du Nord, B 1565, n° 742.

12. *Ibid.*, B 1562, fol. 247.

13. La ville d'Ypres nomma le 30 août ses délégués pour faire sa soumission (Arch. du Nord, B 1562, fol. 271) et ses délégués vinrent la faire le 2 septembre (Arch. nat., J. 569, n° 8).

14. Arch. du Nord, B 1562, fol. 247.

15. Arch. du Nord, B 1562, fol. 245 et 272. Ardenbourg fit sa soumission au

Bien que tout le pays de Flandre se fût ainsi empressé de déposer les armes, le roi attendit cependant encore quelque temps avant de rentrer en France. Il voulut sans doute imposer ses conditions et assurer le châtiment de ceux qui avaient fomenté la rébellion. La répression fut impitoyable. Si le roi n'écouta pas les conseils de plusieurs chefs de son armée qui voulaient livrer aux flammes la Flandre maritime et y massacrer les femmes et les enfants[1], il ne fit pas de quartier à ceux qui s'étaient mis à la tête des rebelles; ils furent mis à mort. Guillaume de Deken, le bourgmestre de Bruges, ramené à Paris, fut, le 23 et le 24 décembre 1328, tourné au pilori, exposé sur une roue après avoir eu les deux poings coupés, et enfin traîné à la queue d'une charrette au gibet où ses restes furent pendus[2]. Pendant longtemps, les exécutions se continuèrent à Bruges, à Ypres, à Gand et à Malines[3].

comte de Flandre le 13 septembre (Arch. du Nord, B 263, n° 5900). A Robert de Cassel, soumission de Dunkerque le 25 septembre (*Ibid.*, n° 5904), de Bergues les 25 et 26 septembre (*Ibid.*, n°s 5905 et 5906), de Gravelines, de Bourbourg et de son territoire le 28 septembre, la nuit de la Saint-Michel (*Ibid.*, n°s 5909, 5910, 5911), de Nieuport le 4 octobre (*Ibid.*, n° 5915), de la châtellenie de Cassel le 27 octobre et de la ville de Cassel le 10 novembre (*Ibid.*, n°s 5923 et 5925). A Louis, comte de Flandre, soumission de la châtellenie de Furnes le 19 octobre (*Ibid.*, n° 5920).

1. *Chronicon comitum Flandrensium*, p. 206.

2. M. H. Stein, dans son article *les Conséquences de la bataille de Cassel pour la ville de Bruges et la mort de Guillaume de Deken, son ancien bourgmestre* (1328) (extrait du tome IX, 5e série, du *Compte-rendu de la Commission royale d'histoire de Belgique*), date à tort la mort de Guillaume de Deken du 15 décembre 1328 (p. 8 de son extrait, p. 654 du *Compte-rendu*). Son interrogatoire, que M. Stein publie, commença le mercredi après la Sainte-Luce, soit le 14 décembre, mais ne fut terminé que le 22 du même mois, puisque le jour de la Saint-Thomas, soit le 21 décembre, et le jeudi avant Noël, soit le 22, il fit encore des dépositions. On ajoute même, à la suite de l'interrogatoire, qu'après avoir été mis au pilori « après l'endemain fut penduz et trainez au gibet de Paris », ce qui indique bien qu'il fut pendu le 24 décembre. Au reste ces indications concordent avec le témoignage du *Continuateur de Guillaume de Nangis* (t. II, p. 103 et 104), qui nous a laissé un récit détaillé de son arrestation et de son supplice; il dit que son supplice eut lieu « per duos dies ante Natale Domini », ce qui correspond au 23 et au 24 décembre. Voir aussi *Grandes Chroniques*, t. V, p. 322-323. Elles le nomment Guillaume de Cany et Guillaume de Nangis : « Guillermus Decani. »

3. Pirenne, *op. cit.*, p. XXXI. Le *Continuateur de Guillaume de Nangis*, t. II, p. 102, estime à près de dix mille le nombre des rebelles que dans l'espace de trois mois ou environ le comte fit mettre à mort en Flandre. Cf. *Grandes Chroniques*, t. V, p. 322.

Le roi frappa non seulement les émeutiers dans leurs personnes, mais de fortes contributions furent encore prélevées sur le pays, et on confisqua tous les biens de ceux qui avaient combattu contre le roi à Cassel[1].

Philippe VI campa autour d'Ypres pendant la première partie du mois de septembre[2]. Après que la ville eût fait sa soumission, elle livra un certain nombre d'émeutiers qui furent aussitôt pendus. Le comte de Savoie et le connétable de France occupèrent ensuite la place avec deux mille hommes et enjoignirent de livrer toutes les armes; la cloche du beffroi fut abattue et Jean de Bailleul nommé gouverneur de la ville[3]. Les remparts furent ensuite rasés, les fossés comblés et un grand nombre d'habitants des plus compromis furent condamnés à l'exil ou au paiement de sommes très élevées[4]. Bruges fut traitée avec la même rigueur[5]. Les privilèges des villes et des châtellenies

1. *Chronicon comitum Flandrensium*, p. 207. Cassel composa pour 4,500 liv. par., Bergues pour 10,000 liv. par., Bailleul pour 500 liv. (Arch. nat., JJ. 66, n°s 1479, 1432, 1478. Cf. Froissart, éd. Luce, t. I, p. CLV).

2. Son itinéraire nous le montre du 1er au 11 septembre, successivement près de Westoutre (Belgique, Flandre occidentale, arr. d'Ypres, cant. de Poperinghe), de Poperinghe, de Wytschaete (Id., cant. de Messines), de Berthen (Nord, arr. d'Hazebrouck, cant. de Bailleul) et devant Ypres.

3. *Grandes Chroniques*, t. V, p. 319. Cf. Arch. nat., J 569, n° 8.

4. Diegerick, *Inventaire des archives d'Ypres*, t. II, p. 51. Cf. Pirenne, *op. cit.*, p. XXXI et XXXII.

5. Gilliodts-Van Severen, *Inventaire des archives de Bruges*, t. I, p. 401. Le 17 septembre 1328, Robert de Cassel, Waleran de Luxembourg, André de Florence, trésorier de Reims, et Pierre de Cugnières, commissaires du roi, reçurent cinq cents otages de la ville de Bruges et les envoyèrent à Lille par-devant le roi; là on devait leur indiquer les lieux où ils seraient relégués (Arch. du dép. du Nord, B 263, n° 5901. Voir aussi : Arch. nat., J 569, n° 7, lettres de Philippe VI du 11 septembre 1328, par lesquelles il demande cinq cents otages à la ville de Bruges, et n° 6, lettres du 4 octobre fixant les conditions dans lesquelles les otages seront retenus). Par des lettres du 20 décembre suivant, Philippe VI fait savoir que les habitants de Bruges ont fait leur soumission et lui ont remis cinq cents otages. Il veut que les forteresses de la ville soient abattues et les fossés comblés avant Pâques. Il défend aux foulons, tisserands, toiliers, tondeurs, bouchers, poissonniers, boulangers, taverniers et autres ouvriers de tous métiers d'avoir des armes; ils devront les remettre dans les vingt jours après Noël. On ne pourra pas établir à Bruges des doyens, homans ou chevetains; toutes les maltôtes seront anéanties. Le 18 février 1329, il y envoya ses conseillers, l'élu d'Avranches, frère Guillaume de Citry, grand prieur de l'Hôpital en France, Thomas de Marfontaine et Mile de Maisy, chevaliers, pour faire abattre les forteresses et faire cesser la maltôte (Arch. du dép. du Nord, B 1562, fol. 246 v° et 274).

furent en outre confisqués et remis au comte de Flandre. Quelques années après, il leur accorda de nouvelles chartes supprimant une partie des libertés dont elles jouissaient avant la rébellion[1].

Quand Philippe de Valois eut ainsi achevé la pacification de la Flandre, il revint à Paris en passant par Lille et par l'abbaye de Pont-Sainte-Maxence. Le 26 septembre, il était de retour dans sa capitale. Il alla à Saint-Denis reporter l'oriflamme et remercier Dieu de la victoire qu'il lui avait accordée[2]. Puis, le 29 septembre, jour de la saint Michel, passant par la rue Saint-Denis et le grand pont, ornés de tapisseries et de tentures[3], il vint à Notre-Dame de Paris. Là, revêtu de son armure, monté sur le même cheval qu'à la bataille de Cassel, il entra ainsi dans l'église et offrit à la Vierge ce cheval et ses armes[4]. Le pays

1. M. Pirenne, *op. cit.*, p. XXXI, n. 4, établit, d'après l'*Inventaire des archives de Bruges* de Gilliodts-Van Severen, d'après l'*Inventaire des chartes des comtes de Flandre* de Saint-Genois, et d'après les *Coutumes de Furnes, du Franc de Bruges et des petites villes du quartier de Bruges* de Gilliodts-Van Severen, que leurs lois furent rendues, plus ou moins modifiées, après enquête par les conseillers du comte, à la plupart des villes, en 1330; à Bruges, le 4 mars; à l'Écluse, le 1er juillet; au Franc de Bruges, le 10 juillet; à Dixmude, le 13 octobre; à Ardenbourg, Langardenbourg, Ysendike et Oostbourg, le 17 octobre; à Monikerede, Mude et Houcke, le 18 octobre; à Ostende, Blankenberghe et Gistelles, le 8 novembre, et à la châtellenie de Furnes seulement le 26 avril 1332. Toutes ces lois interdisaient, sous peine de mort, d'instituer désormais des vinders, doyens, hooftmans et capitaines de métiers. Déjà le 19 août 1329, à la demande des habitants de Bruges, Louis, comte de Flandre, leur concéda certaines franchises (Arch. du dép. du Nord, B 263, n° 6074).

2. *Grandes Chroniques*, t. V, p. 320. Pendant longtemps, il fit brûler trois cierges devant les tombeaux des martyrs en reconnaissance de la victoire de Cassel (Arch. nat., LL 1230 B, compte du 1er juillet 1336 au 1er juillet 1337).

3. *Chronique parisienne anonyme*, dans les *Mémoires de la Société de l'histoire de Paris et de l'Ile-de-France*, t. XI, p. 122.

4. *Grandes Chroniques*, t. V, p. 321; *Continuateur de Guillaume de Nangis*, t. II, p. 102. Pour perpétuer le souvenir de cette offrande, une statue équestre du roi fut érigée sur deux piliers, en la nef de l'église, devant l'image de Notre-Dame. Jusqu'à la fin du XVIIe siècle, la tradition, d'accord avec les chroniques, regarda cette statue comme celle de Philippe de Valois. A partir de cette époque, à la suite d'une méprise, elle fut attribuée à Philippe le Bel par quelques érudits et historiens, comme Moreau de Mautour (*Mémoires de l'Académie des Inscriptions et Belles-Lettres*, t. III, p. 278), le président Hénault, Velly, Funck-Brentano, dans *Philippe le Bel en Flandre*, p. 476. Mais la plupart des érudits, tels que Gérard Dubois, Montfaucon (*les Monumens de la monarchie françoise*, t. II, p. 286), Paulin Paris (*Grandes Chroniques*, t. V, p. 321, n. 1), Hercule Géraud (*Chronique latine de Guillaume de Nangis*, t. II,

étant ainsi pacifié et ayant fait sa soumission, Jean XXII, sur la demande de Philippe de Valois, donna, par sa bulle du 19 octobre 1328, pleins pouvoirs à Pierre Barrière, évêque de Senlis, à Guillaume de Trie, archevêque de Reims, et au doyen de l'église de Rouen pour lever l'interdit qui pesait sur la Flandre[1].

Si la victoire du roi fut prompte et décisive, la question des indemnités et des amendes à payer par les rebelles fut plus longue et plus difficile à régler. L'autorité du comte avait été complètement méconnue dans la Flandre maritime, et à son gouvernement s'était substitué un véritable gouvernement révolutionnaire[2]. En prenant la défense de Louis de Nevers, en lui rendant le pouvoir et en attirant son attention sur l'imprévoyance de son administration qui, à Courtrai, par exemple, choisissait comme échevins des hommes qui avaient aidé à la révolte[3], Philippe de Valois remplit fidèlement son devoir de suzerain. Il affirma aussi sa souveraineté sur le pays de Flandre en confis-

p. 102, n. 1), Germain Bapst (*Restauration de la statue de Philippe le Bel à Notre-Dame*, dans *Bulletin de la Soc. de l'hist. de Paris et de l'Ile-de-France*, 1882, p. 120 à 125), ont continué à l'attribuer à Philippe de Valois. Cette dernière opinion est la plus fondée. Tous les témoignages anciens et les détails de l'armure sont en sa faveur. Cette statue qui était en bois fut détruite sous la Révolution. Voir aussi Du Breul, *le Théâtre des antiquitez de Paris*, 1612, p. 19-25, et Bibl. nat., ms. fr. 20853, fol. 17 v°, note du XVe siècle; tous deux attribuent bien cette statue à Philippe de Valois.

1. Arch. dép. du Nord, B 263, n° 5921. Cette bulle a été publiée par M. Stein, dans : *les Conséquences de la bataille de Cassel pour la ville de Bruges et la mort de Guillaume de Deken, son ancien bourgmestre*, p. 14-16 du tirage à part et 660-662 du *Compte-rendu de la Commission royale d'histoire de Belgique*, 5e série, t. IX. Cf. Arch. nat., J 569, n° 11 *bis* : lettres de Philippe VI, du 8 janvier 1329, demandant à l'archevêque de Reims et à l'évêque de Senlis de lever les sentences d'excommunication. N° 11 : lettres analogues, du 13 janvier, adressées aux évêques de Morinie et de Tournai, et J 568 A, n°s 1-41, et 569, n°s 9^1-8, nominations, par un grand nombre de villes flamandes, au mois de février 1329, de procureurs chargés de demander la levée des sentences d'excommunication et d'interdit qui les frappaient. La levée de l'interdit pour la ville de Bruges eut lieu le 14 mars 1329 (J 569, n° 12).

2. Pirenne, *op. cit.*, p. XXXIV et XXXV. Les remontrances que, d'après les *Grandes Chroniques* (t. V, p. 319) : « Conte, gardez-vous des ore en avant que par deffaute de justice ne nous faille plus par deça retourner », et d'après le *Continuateur de Guillaume de Nangis* (t. II, p. 101), le roi adressa au comte de Flandre, sont le témoignage qu'aux yeux de ses contemporains sa mauvaise administration avait été la cause de ce soulèvement.

3. Lettres de Philippe VI du 17 octobre 1328 (Arch. du dép. du Nord, B 1562, fol. 249).

quant à son profit les biens des rebelles. Il ne voulut cependant pas ignorer complètement les droits de son vassal, et en passant par Lille, par conséquent vers le 17 septembre 1328[1], il lui abandonna le tiers du produit des confiscations[2]. Le 5 octobre suivant, il concéda la même faveur à Robert de Cassel et au châtelain de Bergues dans les terres placées sous leur dépendance[3].

Les propriétés des rebelles mis à mort ou décédés étant acquises au roi, le receveur de Flandre, Vanne Gui, dressa immédiatement après la bataille de Cassel l'inventaire des biens de ceux qui y avaient été tués. Cet inventaire, qui nous a été conservé[4], fut déposé à la Chambre des comptes au mois de février 1331 (n. st.). Le 3 novembre 1332, Jean des Prés, qui fut remplacé le 12 février 1333 (n. st.) par Regnaut de Fieffes, chanoine d'Amiens, Gautier de Cavaucamp et Vaast de Villers furent nommés commissaires pour procéder à la vente des biens des rebelles et envoyer l'argent provenant de cette vente au trésor à Paris[5]. Outre les sommes ainsi versées au roi[6], des sommes plus ou moins élevées et des rentes furent encore assurées par différentes villes, soit à Louis, comte de Flandre, soit à Robert de Cassel[7].

1. Voir *Itinéraire de Philippe VI de Valois*.

2. Cette concession fut ratifiée par lettres du mois de mars 1331 (n. st.) (Arch. du dép. du Nord, B 263, n° 6262, original scellé de lacs de soie. Cf. Arch. nat., JJ. 66, fol. 287 v°, n° 709; publié par Pirenne, *op. cit.*, p. 193).

3. Arch. du dép. du Nord, B 263, n° 5917.

4. Il fut publié d'abord par E. Mannier, *les Flamands à la bataille de Cassel (1328). Noms des Flamands morts dans cette journée publiés pour la première fois d'après le manuscrit unique de la Bibliothèque impériale...* Paris, A. Aubry, 1863, in-8°; puis d'une manière plus complète et plus correcte par H. Pirenne, *le Soulèvement de la Flandre maritime de 1323-1328. Documents inédits publiés avec une introduction.* Bruxelles, Kiessling, 1900, in-8°.

5. Arch. du dép. du Nord, B 263, n° 6525, et Pirenne, *op. cit.*, p. 194 à 197.

6. Au 14 octobre 1329, Vanne Gui versa déjà au trésor à Paris 3,400 liv. 12 s. p. provenant « de bonis quondam Flamingorum occisorum ante Cassellum » (Arch. nat., KK. 2, fol. 103 v°).

7. La ville de Courtrai s'obligea, le 16 mars 1329, à payer à Louis, comte de Flandre, 5,000 liv. en dix ans et une rente perpétuelle de 500 liv. (Arch. du dép. du Nord, B 263, n° 5981). Le 19 mars, Ypres s'obligea à lui payer 24,000 liv. par. (*Ibid.*, n° 5982); Terremonde, le 19 avril, 300 liv. de gros tournois (*Ibid.*, n° 5987); Mardick, le 17 août, 200 liv. de gros tournois à Robert de Cassel (*Ibid.*, n° 6062); Nieuport, 4,000 liv. de gros tournois en six ans au même (*Ibid.*, n° 6061); Dunkerque, le 25 août, 8,000 liv. (*Ibid.*, n° 6065). La châtellenie de Bergues, le 26 août, 20,000 liv. de gros tournois en dix ans (*Ibid.*, n° 6067), etc.

La Flandre devait en outre, encore en 1333, une somme très élevée sur les contributions dont elle avait été frappée sous Philippe le Bel et sous Philippe le Long. D'après un relevé très détaillé du 8 septembre 1333[1], sur 1,406,000 livres, il n'aurait encore été payé au roi à cette date que 869,211 livres 19 sous 6 den. ob. parisis. L'arriéré à solder s'élevait alors à 536,788 livres 5 den. ob. parisis. Il ne faut donc pas être surpris que la Flandre n'ait pu que difficilement faire face à un ensemble de charges aussi lourdes[2], et que le roi, au moment où éclata la guerre de Cent ans, c'est-à-dire en 1339, ait renoncé à ce qui pouvait lui être encore dû dans les châtellenies[3].

Jules VIARD.

1. Arch. du dép. du Nord, B 263, n° 6772.

2. Au mois de novembre 1334, plusieurs villes de Flandre entrèrent en composition avec le roi. Ainsi Bergues offrit de lui payer 10,000 liv. par. forts pour se racheter de tous les biens forfaits à la suite de la bataille de Cassel (Arch. nat., J 570, n° 3; cf. *Annuaire-Bulletin de la Soc. de l'histoire de France*, 1875, p. 200). Bailleul et Cassel offrirent, le 5 novembre, de verser, dans le même but, la première 500 liv. par. forts et la seconde 4,500 liv. de même monnaie (Arch. nat., JJ 66, fol. 655, n°s 1478 et 1479). Le 16 août 1337, pour se libérer des arrérages de 3,333 liv. 6 s. 8 d. de rente, assignée à la femme de Louis, comte de Flandre, fille de Philippe le Long, Philippe VI abandonna audit comte les 40,000 liv. que lui devaient les habitants de Bruges (Arch. nat., J 570, n° 4).

3. Gilliodts-Van Severen, *Inventaire des archives de Bruges*, t. I, p. 488 (acte du mois de janvier). Dès le mois de juillet 1338, Philippe de Valois avait déjà prescrit aux baillis d'Amiens, de Vermandois et de Lille de s'abstenir de tous exploits de justice (Arch. nat., JJ 71, fol. 121) et au mois de mars 1338 (n. st.) il autorisa la ville de Bruges à relever ses portes et ses fortifications (Arch. nat., J 570, n° 5).

(Extrait de la *Bibliothèque de l'École des chartes*, tome LXXXIII, 1922.)

NOGENT-LE-ROTROU, IMPRIMERIE DAUPELEY-GOUVERNEUR

www.ingramcontent.com/pod-product-compliance
Lightning Source LLC
LaVergne TN
LVHW010300230826
846091LV00007B/3070

* 9 7 8 2 3 2 9 1 9 7 6 0 9 *